庭からはじまる花のまちづくりと魅せる作例・アドバイス
しんごのオープンガーデンへようこそ

西川新吾

はじめに

花に癒され、花を活かす

　滋賀の農村地域のごく普通の庭で、2009年からオープンガーデンを始めました。
　庭の広さは400㎡と決して広いとはいえませんが、2016年のゴールデンウィーク期間中には約3,200人もの方がガーデンを訪ねていただきました。

　昨年、公務員の職を定年前に終えました。在職中は、仕事を抱え込み、妥協を許さない厄介な性格ゆえ、心身の疲れから何度も辞めようと思いましたが、休日のガーデニングや妻や子供と過ごしたいわゆる花育生活に癒され、助けられ、仕事とガーデニングが両立できました。

花のある生活、花は贅沢なものでしょうか。確かに、お金を出せば綺麗で立派な花は買えます。それもいいでしょう。でも、野に咲く草花や、野菜の花でも、思いがあれば、美しく彩れ、物語も生まれてくると思います。

　そんな思いをオープンガーデンに込め、来園してくださる方々に物語を感じてもらいながら、各々にできるガーデン装飾のヒントを享受していただいていると思っています。私のオープンガーデンは、捨ててしまうようなものを活かしたり、ちょっとした工夫で魅せる庭になるアイデアの提案の場としています。
　自分にできる「花のまちづくり」行動は、自分に与えられた使命であると思っています。

　本書は、「庭からはじまる花のまちづくりと魅せる作例・アドバイス」をテーマに、今まで開催したオープンガーデンの記録やハンギングバスケット、コンテナガーデンのオリジナル作品、アイデア作品の画像を多数掲載しています。ガーデン装飾のヒントにしていただければ幸いです。

2017年4月　西川新吾

庭からはじまる花のまちづくりと魅せる作例・アドバイス
しんごのオープンガーデンへようこそ

目次

はじめに　　2

◆ Chapter_01
「花の魅力」を活かす庭づくり　　6

◆ Chapter_02
オープンガーデン 2009-2016　　16
　ガーデンづくりのこだわりとアイデア　　42
　　01：ガーデンスタイルを決める
　　02：植物の草姿を生かす
　　03：植物を選定し、配色
　　04：ガーデンのこだわりとアイデア例
　環境にやさしいガーデンを提案　　46
　コミュニティの創出　　47

◆ Chapter_03
ハンギングバスケットコレクション　　48
　ハンギングバスケットのこだわりとアイデア　　62
　　01：気象条件などに合った花苗の選定
　　02：植物の形態に合った花苗の利用
　　03：ハンギングのこだわりとアイデア

◆ Chapter_04
コンテナガーデンコレクション　　66
　コンテナ（寄せ植え）のこだわりとアイデア　　71
　　01：気象条件などに合った花苗の選定
　　02：屋内装飾
　　03：屋外での装飾
　　04：寄せ植えのこだわりとアイデア

コラム 花のまち飾り　　76

◆ Chapter_05
花のあるまちづくりを目指して　　78

著者プロフィール　　94

Chapter_01 ◆ 「花の魅力」を活かす庭づくり

　色、形、種類、さまざまに個性的で美しい花々は、ただそれだけでも魅力的です。けれども、色の重なり具合や流れを少し意識するだけで、庭全体としての見え方は大きく変わってきます。花を単体としてだけでなく、庭の一部として考えたときのコツやポイントをご紹介します。

「花の魅力」でおもてなし

　花の魅力を最大限に活用し、1つの空間をどう彩るかを考え、オープンガーデンで来園者をお迎えしています。たとえば、この写真のゾーンのテーマは「ブルーガーデン」です。色調にこだわったデルフィニウムの咲くガーデンは、見る位置・動きによってさまざまな花空間、花の表情を見せます。そして、見る人それぞれが「物語」として、季節や日常生活との移ろいの中で思いを抱きます。

Chapter_01

自宅の敷地にある白いガゼボの窓から見える緑の空間とパステルカラーのデルフィニウム。デルフィニウムは、秋に植えました。冬は、地中に深く根を伸ばし、雪や寒風に耐えてきました。春の陽気とともに、草丈が伸び、ゴールデンウィークのオープンガーデンを待っていたかのように蕾をつけ、花が咲きます。2015 オープンガーデンより。

「花の魅力」を引き算で引き出す

　花は、1本より3本。3本より10本の花がより豪華になり、美しい。ただ、1色より3色、3色より10色の方が美しいとは限りません。
　ブルー、パープルのデルフィニウム、ボリジなど、同系色の色が増すごとにガーデンは、パステルカラー1色に色調が整い、また、ナチュラルな風景となっていきます。色調を合わせることは、引き算の考えです。

Chapter_01

この写真のデルフィニウムには、支柱をしているものの、ガーデンに溶け込んでいます。自然風のガーデンを作るとなれば、「支柱」の他、「植木鉢」や「合わない風景」もできるだけカット（引き算）することが、魅せるガーデニングのポイントの1つでもあります。2015 オープンガーデンより。

視界を彩る草丈の高いデルフィニウム。このように手前に背の高い植物を植えることによって、大きなガーデンでなくても奥行き感を出すことができます。2012 オープンガーデンより。

ブルーガーデンへの誘い

　ガーデンの彩り、デザインは、背後の景色を活かし、その風景とどう調和させ、また、隠すかが大きなポイントで、ご近所の洋風の家、柿の木や雑木の背景がガーデンを引き立たせてくれています。8つのゾーンで構成している我が家のオープンガーデン。一番大きなゾーンは生垣とモッコウバラで囲まれた畑地で、毎年、ここではデルフィニウムなどのブルーガーデンで来園者をお迎えしています。

Chapter_01

青、紫、藤色、ピンクのデルフィニウムを、ホワイトレースフラワーの白で流れるようにつなげました。色の配置でデザインに動きを生み出します。2014 オープンガーデンより。

流れる彩り

　デルフィニウムが満開になった頃、ホワイトレースフラワーが咲き出し、花たちは、最高のコラボレーションを見せてくれます。色の流れ、立ち位置、見る角度により色調が変化しました。デルフィニウムのいくつかの群生とホワイトレースフラワーが流れを作っています。隣り合うデルフィニウムの群生に同系色の花を一部合わせることで、流れのあるつながったデザインになっています。

世代を超えたコミュニティ

　町内に住むご婦人が、お孫さんを連れてオープンガーデンに来てくれました。ディスプレイのあるゾーンの風景に溶け込み可愛い彩りとなってくれた子供達。思わずこの触れ合いシーンの後ろ姿を写真に収めさせていただきました。最高の「花育」場面でもあります。

Chapter_01

メインディスプレイと大八車に、クリーム色のマーガレットや薄いブルーのデージーなどを植え、パステルカラーに装飾。開催準備の疲れが癒やせた1枚の画像。2011 オープンガーデンより。

オープンガーデン 2009-2016

Chapter_02 ◆

　訪れる方に楽しんでいただけるよう、庭づくりはかなりの労力と費用を要します。ですが育てた花を見て喜んでいただけ、そこにコミュニケーションが生まれ、何かのお役に立てる、そのようなオープンガーデンが私は大好きです。この章では私のこれまでのガーデンの記録をご覧ください。

オープンガーデンへようこそ

　英国で始まった「個人の庭を一般公開するオープンガーデン」は、今では、日本においても全国各地で開催されています。

　ガーデンには、公共の公園や植物園、花のテーマパークなど、大規模なものから、個人のガーデンまでさまざまですが、個人のオープンガーデンには、公開する庭だけの特徴やこだわりがあります。

　そのこだわりは、見る人の心に感動を与え、小さな庭でもこうすればセンスの良い庭になるんだというヒントも与えてくれます。それは公園や植物園などとは少し違う癒しと発見の場でもあります。

Chapter_02

　地域が一体となって公開日を統一する取り組みも、全国各地で行われるようになってきていますので、各地で行われているオープンガーデンを楽しんでいただきたいと思います。
　我が家のオープンガーデンは、決して大きくありません。また、住宅業界、エクステリア業界などによる立派な庭がベースになっているわけでもありません。
　本書のテーマである「庭からはじまる花のまちづくりと魅せる作例・アドバイス」のための、1つの手法としてのオープンガーデンです。
　個人の小さな庭のオープンガーデンの記録ですが、ご覧ください。

2009 オープンガーデン
「はじめてのオープンガーデン」

開催日：2009年4月29日、5月5日
◎ハンギング・コンテナ展示
◎メインディスプレイ、ブルーガーデン
◎ハンギングバスケット作成デモンストレーション
来園者数：約100名

自宅のガーデンにハンギングバスケットを飾っているものの、庭先の道にはほとんど人通りはありません。そこで「ハンギングバスケットをもっと知ってほしい、飾ってほしい、花のまちづくりをしたい」という思いで、オープンガーデンに挑戦しました。

　メインディスプレイは、自分が先生のように慕う吉川節子さんに相談し、吉川さんから白いバックを借り、チキンネットと芝生で作ったバスケットにブルー系のスカビオサなどの寄せ植えを多数組み合わせ装飾しました。

　記念すべき1年目のオープンガーデンは、今、思えばコンセプトへのこだわりやプレッシャーがまだ余り無かったことから気楽なものでした。

　開催の案内は日本ハンギングバスケット協会滋賀支部と近所の方に声をかけた程度だったので、ハンギングバスケット作成のデモンストレーションをして、のんびりした2日間でした。

1. ハンギング作成デモンストレーション。
2. ハーブガーデン。
3. コンテナを合わせたナチュラルガーデン。
4. 通路のハンギングバスケット。

2010 オープンガーデン
「新聞社の取材を受けて」

開催日：2010年5月1日、2日
◎ハンギング・コンテナ展示
◎メインディスプレイ、ブルーガーデン
◎ハンギングバスケット作成デモンストレーション
来園者数：約200名

2年目のオープンガーデン。「今年の開催は、どうしようかな」と思っていた矢先に、読売新聞社のオープンガーデン特集の取材を受け、止めるわけにいかなくなりました。

我が家のガーデンは田舎ではよくある庭で、ブロック塀やフェンスで囲んだ松やサツキが植わっている日本風の「前栽」です。この前栽のブロック塀やフェンスに白いペンキを塗ったトレリスを配置し、モッコウバラやヘデラなどを這わせています。トレリスにはハンギングを数基、色調を合わせて配置。6～7メートルにまで成長したコニファー（ゴールドクレスト）は思い切って台杉仕立てのようにし、その枝にハンギングを飾りました。

メインガーデンは常緑樹の前に白いペンキを塗ったトレリス等を組み、そのディスプレイには、チキンネットと芝で容器を作り、青色のスカビオサなどを植え込みました。フランネルフラワーなどホワイト系のコンテナやブルーの花園、そして、桜の木を台にした鳥小屋のコンテナ、白い砂場などで、全体を眺めても、部分的に見てもメリハリを持たせました。

1. 2階から見たメインディスプレイ。
2. 通路のハンギングバスケット。
3. 巣箱の寄せ植え。
4. オープンガーデンの入口。

2011 オープンガーデン
「ブルーガーデンにデルフィニウム登場!」

開催日:2011年4月30日、5月1日〜3日
◎ハンギング・コンテナ展示
◎ブルーガーデン、大八車寄せ植え
◎額縁プランターによる花の美術館
◎小鳥の楽園
来園者数:約400名

3年目のオープンガーデン。年々、来園者は増え、約400名の方にご来園いただきました。

オープンガーデンの様子は、地元ZTV「はちすま!」番組で5月8日〜14日の間、延べ43回（約400分）放映されました。農業高校などの取材もあり、ハンギングバスケットや花の彩り、魅力や良さがPRできました。

3月頃は、「東日本大震災」の発生で全国的にイベントなどが自粛されるムードとなった中で、オープンガーデンを開催していいものか躊躇していましたが、思いきって開催しました。

開催当日は、来園者からありがたい笑顔と言葉をいただき、開催までの準備の疲れを癒す何よりの肥やしとビタミン剤となりました。「花のあるまちづくり」を目指し、来園者には花の魅力が提案でき、開催して良かったと思っています。

この年からデルフィニウムを植え始め、ブルーガーデンは紫花菜（むらさきはなな）からデルフィニウムへと主役が変わりました。

1. ガーデン各所に小鳥をディスプレイ。
2. ピンクのミニバラとシャクナゲ。
3. オープンガーデンの入口。
4. 紫花菜とデルフィニウム。

2012 オープンガーデン
「リピーター続々」

開催日：2012年4月29日、30日、5月3日
◎8ゾーンでカラーコーディネートによる花装飾
◎ハンギング・コンテナや手作りアクセサリー提案
◎デルフィニウムのブルーガーデン
来園者数：約700名

4年目のオープンガーデン。来園者は年々増え、約700名になりました。オープンガーデンの案内や様子は、地元ZTV「はちすま!」番組で1週間放映されました。また、新聞各紙においてもイベント紹介がされました。この年も作業時間の不足で準備が間に合うのか、また、桜の時期に低温が続いたことから開花が遅れはしないかと心配しました。

ですがこうした心配もオープン数日前から初夏を感じる天気に恵まれ、遅れていたデルフィニウムも開催前には開花し、ゴールデンウィーク後半には満開になりました。

オープン前は、連日24時を過ぎてからの植え込み作業が続きほとんど睡眠時間がとれていませんでしたが、オープンガーデンに他府県からもご来園くださる方、連日ガーデニング愛好者を連れてきてくださるリピーターなど、来園者の笑顔と言葉のお陰で準備期間の疲れが吹っ飛びました。

その反面、4月に作業が集中してしまうハンギングバスケット装飾による「オープンガーデン」開催に限界を痛感する年でもありました。

1. 小鳥のディスプレイ。
2. 会場前に飾った自転車の寄せ植え。
3. デルフィニウムと来園者。
4. フェリシアなどが群生。
5. アクセサリーを活かした寄せ植え装飾。
6. 大八車のパステルカラー植え込み。

2013 オープンガーデン
「パステルガーデンとハンギングバスケットの競演！」

開催日：2013年4月29日、5月3日、4日
◎パステルガーデン、各ゾーンでカラーコーディネート装飾
◎ハンギング・コンテナや手作りアクセサリーで装飾提案
◎デルフィニウム、ホワイトレース、モッコウバラ他
来園者数：約1,000名

Chapter_02

　5年目のオープンガーデン。開催した3日間は、天候にも恵まれ、この間の来園者は1,000名を超え大成功となりました。
　この年のオープンガーデンも地元ZTV番組、新聞各紙や近江八幡市などのネットにおいて紹介され、また、今までお出でいただいた方々からのご紹介もあり、開催案内は広く行き渡りました。
　一方、植え込み準備は土日の「趣味の園芸」ということから、この年も作業時間が不足し、オープン前夜遅くまで連日深夜作業に追われ、気力と思い入れだけでは限界を感じ、親戚の協力や家族への相当の負担を強いてしまいました。
　この年の畑ゾーンは、ブルーのデルフィニウム、ラベンダー、ペチュニアなどの花々で美しいブルーに染まりました。

1．ブルーガーデンとラベンダー。
2．帽子の容器に植えた小花。
3．オープンガーデンの入口。
4．ハーブガーデンに置いた大八車とラベンダーなどの植え込み。

2014 オープンガーデン
「小さなガーデン・ミュージアム」

開催日：2014年4月29日、5月3日、4日、5日
◎ハンギング・コンテナや手作りアクセサリーで装飾提案
◎ゾーンごとのカラーコーディネートに色調空間の創出
◎子供から大人、専門家を意識した資材の利活用と装飾
◎剪定枝など未利用資源を活用した環境へのこだわり
来園者数：約1,700名

6年目のオープンガーデン。開催初日の29日は、あいにくの雨。順延した5月5日も雨となりましたが、約1,700名の方々に来ていただきました。地元ZTV番組で延べ約400分放映され、新聞は産経、京都、中日新聞に写真入りで大きく記事になりました。また、多くのリピーターがお友達を誘ってくださるなど、天気が悪かったにもかかわらず、昨年より700名も多くなりました。

テーマは「小さなガーデン・ミュージアム」。コンセプトは色調、環境、資源活用へのこだわりです。ガーデンを和風、洋風などいくつかのゾーンに分け、それぞれのゾーンごとに色調を統一。花はデルフィニウム以外、特に珍しいものはありませんが、ゾーンそれぞれの配色にこだわりました。

ガーデンの通路には、木片を敷き詰めました。これは、柿などの果樹や庭木の剪定枝です。守山市の梨園から剪定枝を軽トラック2台分持ち帰り、本来は焼却される未利用資源をチップ化し通路に被覆して、雑草抑制、ぬかるみ防止、土壌改良等、いくつかの効果を期待したものです。剪定枝や台風などで倒れた樹は、植え込み容器等にも使用しました。

土づくりには、琵琶湖の「水草の堆肥」を毎年投入しています。滋賀県等は、琵琶湖やその生活環境などを守るために、繁茂している水草を刈り取って堆肥にしており、その堆肥を利用しています。

1. デルフィニウムとモッコウバラのガーデン。
2. ガゼボと大八車。
3. オープンガーデンの入口。
4. 娘が10数年前に乗っていた自転車の寄せ植え。

2015 オープンガーデン
「花のまちづくり」

開催日：2015年4月29日、5月2日、3日、5日
◎ハンギング・コンテナや手作りアクセサリーで装飾提案
◎ゾーンごとのカラーコーディネートに色調空間の創出
◎子供から大人・専門家を意識した資材の利活用と装飾
◎剪定枝など未利用資源を活用とした環境へのこだわり
来園者数：約3,000名

7年目のオープンガーデンは県内外から約3,000人の方々にお越しいただきました。オープンガーデンを成功させようと、1年間かけて暑かろうが寒かろうが、雨が降ろうが、雪が積もろうが、そして、眠くてもできることをコツコツと進めてきました。平日は仕事があるので作業は土日に限定され、平日の疲れや休日のイレギュラーな行事で思うように進まなかったものの、何とかオープンに間に合わせました。準備と当日の運営でクタクタになりながらも、来園いただいた皆様からの温かいお言葉に癒され、「開催して良かった。来年もやるぞ」という気持ちが強まりました。

　来園者からは「入園料もらったらいいのに」とか、「仕事しながら土日だけで、営業行為もなく、何で趣味でここまでできるの」とのお言葉も。6年前に、「ハンギングバスケットの普及と花のまちづくり」につながればという思いで始めたオープンガーデンは、回を重ねるうちに、毎年期待してくださるリピーターの思いやオープンガーデン開催による出会いとコミュニティの広がりなどにより、この流れを止めるわけにはいかなくなっています。

　このオープンガーデンは「花のまちづくり」を目指し、園芸ファンはもちろんのこと、子供達や老人福祉施設の方々の笑顔を思いつつ、「コミュニティ」や「花育」の場としてさらに発展させたいと考えています。1人でも多くの方が花に触れ、関心を深め、各地域の「花のまちづくり」のきっかけになれば幸いです。

1. 会場前の案内とディスプレイ。
2. 通路の額縁コンテナ。
3. デルフィニウムとモッコウバラのガーデン。
4. ピンク色のデルフィニウム。
5. 蛇口とマーガレット。

2016 オープンガーデン
「花を通じて、きっかけづくりを」

開催日：2016年4月29日、30日、5月3日、4日
◎ハンギング・コンテナや手作りアクセサリーで装飾提案
◎ゾーンごとのカラーコーディネートに色調空間の創出
◎子供から大人・専門家を意識した資材の利活用と装飾
◎剪定枝など未利用資源を活用とした環境へのこだわり
◎熊本震災義援金：52,198円（京都新聞社会福祉事業団）
来園者数：約3,200名

8年目のオープンガーデン。ゴールデンウィークの数日間に、県内外から約3,200人の方々にお越しいただきました。多数のリピーターとボランティアスタッフに支えられ、市、報道機関、園芸関係者などの協力もいただきながら、地域の「花のまちづくり」のコミュニティの場として、今まで以上に、「花の魅力」「花装飾のアイディア」が提供できました。

　中でも下記は、この年の特筆事項と感じたことです。

○高齢・福祉施設、延べ16団体から、大勢お出でいただいたこと。多くの子供達、ファミリーに楽しんでいただけたこと。

○園芸ファンはもちろん、各地で花のまちづくりをされている方々と出会い、交流が広がったこと。

○熊本震災義援金の取り組みにご協力をいただけたこと等々、「つながり」を実感できたこと。

　これからも、1人でも多くの方が花に触れて関心を深め、各地域の「花のまちづくり」が発展することを願い、こうしたきっかけづくりをしていきたいと考えています。ご協力とご支援いただけますと幸いです。　感謝。

1. ピアノ容器への寄せ植え。
2. 帽子の容器に植えたインパチェンス。
3. 小径に咲いたタイツリソウ。
4. モッコウバラとデルフィニウム。
5. ガゼボに映えるデルフィニウム。

オープンガーデンのメインディスプレイ
メインディスプレイ　2009-2011

　訪れたお客様を最初にお出迎えするメインディスプレイは、ガーデンの顔。ディスプレイの建具は手作りやリメイクしたものを使用し、毎年テーマを決めて花を配置しています。その年々のディスプレイのフォトレポートとも言えます。

2009年。オシャレなバッグに芝とチキンネットで作ったハンドバッグ風の容器。スカビオサを主に、ブルーカラーに装飾。

Chapter_02

2010年。ラディスなどを利用してディスプレイ。白砂を敷き、コンテナを配置。

2011年。クリーム色のマーガレットをメインに植え込む。

メインディスプレイ　2012 - 2015

2012年。ピンクのミニバラをメインに植え込み、鳥かごを配置。

2013年。黄色のマリーゴールドなどをメインに、ビタミンカラーで全体の色調を統一。

Chapter_02

2014年。額縁コンテナを配置。鮮やかなバラやベゴニアとシックな花との明暗がある植え込み。

2015年。ベゴニアなどを植え込み、カラフルに装飾。

メインディスプレイ　2016

2016年。芝とチキンネットでハンドバッグにしてブティック風に配置。オープンガーデンの回を重ねる毎に、西洋シャクナゲとムベが、このゾーンを覆ってきた。

Chapter_02

ガーデンづくりのこだわりとアイデア

　ガーデンづくりは、楽しいことが第一です。その中で、どのようなガーデンにしたいかというスタイルが決まっていると、花の魅力が活かされます。

　我が家のガーデンには、大きな松の木などが植えられていて、さまざまな背景が混在する一般的な庭ですが、ゾーンごとにガーデンスタイルを決めて彩っています。どのようにしたら美しいガーデンになるだろうかとお考えの方は、次のガーデニングのこだわりやアイデアを参考にしていただければ幸いです。

01
ガーデンスタイルを決める

　ガーデンのスタイルはさまざまです。たとえば、ガーデンを野山の花畑のように彩る「ナチュラルガーデン」、イングリッシュガーデンのように左右対称に規則正しく彩る「フォーマルガーデン」、現代風の大胆なスタイル「モダンガーデン」などがあります。

　目的や場所によって適しているスタイルはいろいろありますが、この「スタイルを決めること」がガーデンづくりの第一歩だと思います。我が家のガーデンはナチュラルスタイルです。花の個性を活かして、よりナチュラルに植物が育ち、自然の風景に見えるように工夫しています。

02
植物の草姿を活かす

　スタイルが決まれば、次は、どのような植物をどのように配置するかです。花木やコニファーなどの木や毎年植え替えがいらない宿根草(多年草)などを主体にするのか、季節ごとに植え替えるのかといったことでガーデンは大きく変わります。

　しかし共通していえることは、植物の草姿を活かし、背の高くなる植物、横に広がるグランドカバーのようなものをバランス良く配置することが、見栄えだけでなく、植物の生育にとっても大切です。

　私は植木などを含め、草姿を活かした、ナチュラルなガーデンを作っています。

03
植物を選定し、配色

　魅せるガーデンは、テーマカラーがはっきりしています。テーマカラーを決めず、綺麗な色の花をたくさん植えても、魅力あるガーデンにはなりにくいです。

　ホワイトガーデン、ブルーガーデンといった同系色を組み合わせた配色や類似色の配色、明度の高いパステルカラーの配色、対比する色の配色など、色の組み合わせはさまざまです。私は、ベースとなる基調色を決めて、バランス良く、メリハリのあるガーデンデザインを心がけています。

　時には決めた配色イメージに適した色や草姿の植物が園芸店などで揃えられず、デザインを変更することもあります。ですが植物は自然のもの。そういった予期せぬことも、楽しみの1つといえるかもしれません。なお、植物の選定は、気象条件、土壌条件に合ったものにしています。

1. ブルーをテーマカラーにしたガーデン。淡いパープルブルーをベースにし、そこにその色を濃くしたような深みのあるパープルと、アクセントに白、薄ピンク、濃いピンクの花を加えています。色に濃淡をつけることで、立体的で変化のある仕上がりに。

2. 白い花びらと黄色の花芯が可憐なマーガレットは、それだけを植えてエリアに統一感を持たせました。花の芯が黄色いので、白1色でもポップで楽しげな印象です。茎が細く背が高いので軽やかに風に揺れて、その姿がまたかわいらしい花です。

ガーデンづくりのこだわりとアイデア

04
ガーデンのこだわりとアイデア例

例1

例2

1. 花材／デルフィニウム、オルラヤ・ホワイトレース、ボリジ、ネモフィラ他
2. 花材／アリウム・ギガンチューム、カンパニュラ、ハーブ各種、コニファー他、小物・アクセサリー

Chapter_02

| Point1
▼
ナチュラルな
ガーデン | ガーデンのメインであるデルフィニウムの花苗【例1】や大小のギガンチューム球根【例2】をランダムに植え付けたことで、野山の花畑の群生のように自然な感じとなりました。同じような花色でも、縦に伸びる花、横に広がる花など、草姿が異なるものが組み合わせることで、さらにナチュラル感が出ています。 |

| Point2
▼
色調の統一 | 【例1】のガーデンは、デルフィニウムをメインとした青や白色系のパステルブルーのカラーに合わせたガーデンとなっています。
【例2】は、ギガンチュームをメインとしたパープルガーデンとなっており、背景のグリーンやフェンス、アーチのブラウンカラーに調和しています。 |

| Point3
▼
引き算で
装飾 | Point1のナチュラル感、Point2の色調の統一は、引き算によるものです。
【例1】のデルフィニウムは、草丈が150cmほどになることから、倒れないよう支柱をしていますが、その支柱は、グリーンの目立たない支柱を選んでいます。そうすることでグリーンの中に余計な色が入らず、美しい見栄えになります。花色も何種類もありますが、同系色で揃えたことで、色数は少なくすっきりと見えます。
【例2】は、インパクトのあるガーデンとなるよう、ギガンチュームと競合する植物をできるだけ排除しています。 |

| Point4
▼
小物・
アクセサリーの
利用 | 【例2】のガーデンには、ナチュラルガーデンの雰囲気を壊すことなく、鳥籠の植え込みやアクセサリーを飾っています。コンテナやハンギングバスケット、小物などを1つの風景の中にコーディネートし、配置しています。こうした小物使いは、ガーデンをより楽しくし、人目を引くポイントにもなります。 |

小鳥のオブジェはガーデンととても親和性があり、ナチュラルな佇まいになります。小鳥だけでも、巣に集うように配しても絵になります。

環境にやさしいガーデンを提案

　オープンガーデンのこだわりは、前述の「色彩などの装飾、デザイン」ではありますが、こだわりとしての2つ目は、できるだけ環境に負荷をかけない、身近な自然を大切にした「環境にやさしいガーデン」であることが大事だと思っています。

　その取り組みは、①琵琶湖で環境悪化をもたらしている水草の堆肥を利用。②果樹園から廃棄される剪定枝の有効活用。③廃材など、使わなくなったものをリサイクル活用。④農薬の使用を抑えることなど、条件に合った植物選定や栽培方法などです。

　特に剪定枝の利用は、焼却処分される剪定枝をチップ化して、ガーデンの通路に被覆し、「雑草抑制」、「ぬかるみ防止」、「土壌改良」などの効果を期待したものです。

　各自が自分にできる身近なことから取り組まれることを願っています。

焼却処分される剪定枝をチップ化したものを、ガーデンの通路に撒いてリサイクル。雑草抑制、ぬかるみ防止、土壌改良をねらって。

コミュニティの創出

Chapter_02

　オープンガーデンの3つ目のこだわりは、花を介したコミュニティの創出です。そのガーデンや花の魅力が人と人のコミュニティを創ります。ガーデンの雰囲気に合わせ、子供達が喜ぶアクセサリーやオブジェを置いてみるのもいいでしょう。

ハンギングバスケットコレクション

Chapter_03 ◆

　バスケットに季節の花を植え込み、壁などに掛けるハンギングバスケットは、ガーデンディスプレイのアクセントとしても優秀ですが、広い庭が無くても楽しめるメリットもあります。美しく壁を彩るハンギングバスケットはとても魅力的で、季節を凝縮したレリーフのようです。

ハンギングバスケットって？

イギリス発祥の歴史ある園芸

　ハンギングバスケットは、イギリスで始まった歴史ある装飾園芸の技法で、欧米では街や住宅の生活環境にハンギングバスケットなどの花飾りがされています。

　日本では、1990年に大阪鶴見で行われた「花の万博」頃から、街の花飾りとしてハンギングバスケットが使われてきました。

　ハンギングバスケットは、鉢植えと違って、壁や門扉などに掛けたり、吊して目線を彩るもので、特に我が国のような都市環境、狭い公共空間や個人の庭には最適といえます。

　また、日本の気候は、梅雨や暑い夏があることから鉢植えでは蒸れてしまいますが、ハンギングバスケットのように空間に置くことによって風通しが良くなるため、長く観賞することができます。

装飾のポイント！

　花や葉の大小、色、形の異なるものを組み合わせ、また入れる容器や背景にするバックにもこだわります。1つの空間にいくつかのハンギングバスケットを飾る場合は、1つ1つをシンプルにして、全体として装飾します。

　また、季節によって使う花、作るイメージが変わってくるので、作品自体の印象もずいぶんと違います。季節ごとのイメージを凝縮したような、そんな楽しみがあるのがハンギングバスケットです。では次のページから、四季折々の私のハンギングバスケット作品をご覧ください。

Chapter_03

【春のハンギングバスケット】

Spring

2015マーガレットステーションコンテスト出品作（優秀賞）。窓の扉を手作りし、壁掛け容器を2つ縦に並べたものです。家族連れで賑わう道の駅の会場に合うよう、小鳥をあしらった作品。

Chapter_03

春はパステルカラーなど心浮き立つような明るい花が多く出てくるので、それを緑の中で生き生きと見せるように作ります。

私はいろいろな色を混ぜるよりテーマカラーを決めて、そこから濃淡をつけて作るハンギングバスケットが好きで、よく作ります。テーマカラーを決めることでまとまりが出て、エレガントな印象に仕上がりますので、シックなハンギングバスケットを作りたい方にはまず、色を1つ決めることがおすすめです。

1. 2015春のみずの森ハンギングバスケット&コンテナ展出品作（最優秀賞）。淡いピンクのバラや白いフランネルフラワーなどで窓辺の春を演出。
2. パステルブルーのハンギングにチキンネットで帽子風にアレンジ。
3. ラベンダー色のスカビオサとホワイトリーフのハンギングの組み作品。

【春のハンギングバスケット】

Spring

上の写真は、2016春のみずの森ハンギングバスケット＆コンテナ展出品作。ペチュニアとフランネルフラワーを主体に、全体の色合い、花材をシンプルにして、春の訪れを表現したもの。

右の写真2枚は、花育用に2Lのペットボトルにベゴニアとヘデラを植え込んだハンギングバスケット。数本寄せて、装飾は自由自在。

【夏のハンギングバスケット】

Summer

　日本の夏、梅雨期は、高温多湿。真夏は日差しがギラギラと容赦なく照りつけます。ハンギングバスケットは鉢植えと違い地面に接触しない空間装飾なので、多湿による蒸れは解消されるものの、逆に乾燥しやすいので水枯れしないよう管理が必要です。
　夏のハンギングバスケットは、真夏の直射日光に強い植物を選定すること。そして、植え込む苗数を極力制限し、容器に根を十分張らせます。日陰で育つ植物の寄せ植えも涼しげです。

1. 暑さに強いニチニチソウとヘミグラフィスなどのリーフのハンギングバスケット。
2. ニチニチソウ、ベゴニアにヘミグラフィスを加えたハンギングバスケット。
3. 宇治市植物公園ハンギングバスケット＆寄せ植えコンテスト出品作（日本ハンギングバスケット協会理事長賞）。黄色いルドベキアなどの花とリーフをアレンジ。
4. ニチニチソウ、トウガラシとオリヅルランで、シンプルかつ涼しげに。

【秋のハンギングバスケット】

Autumn

2012秋のみずのハンギングバスケット&コンテナ展出品作(最優秀賞)。黄・オレンジ色のジニアを主体に秋らしさを演出。すだれが秋色にマッチ。

Chapter_03

　秋は、朝夕涼しく、草花は息を吹き返し、生き生きと色鮮やかになってきます。イエロー、オレンジ、パープルといったオータムカラーの花と、コリウス、アルテナンテラなどの銅葉との組み合わせや日本らしい和の装飾が似合うシーズンです。
　また、春、夏に作ったハンギングバスケットを夏の間、株を弱らせないよう刈り込んで管理することによって、また、色鮮やかなハンギングバスケットにリメイクされます。

2015秋のみずのハンギングバスケット&コンテナ展出品作（人気NO.1賞）。ピンクのジニアと小花。ジャスミンやヤブランなどの色・形が異なるリーフが効果的。

【秋のハンギングバスケット】

Autumn

2016奇跡の星の植物館コンテスト出品作（第1位）。共通テーマは、「ジャパネスク―伝統がモダンを生む」。電気の傘、鉄筋をバックに使用し、斑入り植物を寄せ植え。

Chapter_03

1. 2基の容器を使い、ヘモグラフィスなどの銅葉のシックな作品。
2. 2013秋のみずのハンギングバスケット&コンテナ展出品作(最優秀賞)。真っ赤な実の「ヒペリカム」や銅葉による秋らしい作品。
3. 2014秋みずの森で優秀賞。浜辺で拾った流木にベゴニアを寄せ植え。
4. 2015奇跡の星の植物館コンテスト出品作(第1位)。「共通テーマは、和のモダン」。

59

【冬のハンギングバスケット】
Winter

　冬のハンギングバスケットは、クリスマス、お正月向けや、春まで咲き続けるハンギングとして楽しめます。寒さに強いハボタン、シクラメン、ビオラ、パンジー、プリムラなどを主にして、大小の花やリーフを組み合わせます。

　冬は植物の生育が遅いので、春、夏のハンギングより多くの花苗を植え込みます。装飾場所は、凍てつくようなところは避け、日当たりのある軒下のようなところがベストです。

ミニハボタンやイベリス、ビオラ、アリッサムなどの小花やヤブコウジ、ヘデラなどのリーフを使ったリング型のハンギングバスケット。

Chapter_03

1. ミニハボタンの外葉を除いて利用した新春の作品。
2. お正月らしい竹をあしらった作品。
3. ミニハボタンとビオラを使った一般的な作品。
4. ミニハボタンに小花、リーフの寄せ植え。
5. ヤブコウジとイベリスを使ったリング型ハンギングバスケット。

ハンギングバスケットのこだわりとアイデア

　ハンギングバスケットは、容器の中で一定期間次々に花が美しく咲くよう寄せ植えをすることが重要です。そのために、植物特性などに合った花苗を選定し、作成しています。ハンギングバスケットのデザインは難しいと思っていらっしゃる方は、次の花の選定などの基本やこだわり、アイデアを参考にしていただければ幸いです。

01
気象条件などに合った花苗の選定

NG サボテンのように乾燥を好む植物と、乾燥を嫌う植物をいっしょに寄せ植えしない。

乾燥を好む植物例）多肉植物、サボテンなど
乾燥を嫌う植物例）アジサイ、アスチルベ、ツツジ、観葉植物など

NG 日当たりを好む植物と直射日光を嫌う観葉植物のような植物をいっしょに寄せ植えしない。

日当たりを好む植物例）ポーチュラカ、ペチュニア、ガザニア、キバナコスモスなど
直射日光を嫌う植物例）観葉植物、ランなど

NG 耐寒性もしくは耐暑性の異なる植物をいっしょに寄せ植えしない。

耐寒性の強い【寒さに強い】植物例）パンジー、ガーデンシクラメン、ハボタンなど
耐暑性の強い【暑さに強い】植物例）観葉植物、ジニア、ポーチュラカなど

　これはハンギングバスケットを作る上で、基本中の基本ですので、花苗に付いているラベルで植物特性なども確認しながら、装飾時期や場所に応じた花苗を選定します。市販されている花苗には、植物特性が記されたラベルが付いていますので、参考にしてください。

Chapter_03

右上の作品は、冬のハンギングバスケットです。寒さに強いハボタン、ビオラなどを寄せ植えしているので、冬の門扉やフェンスに掛けていても、美しく咲き続けました。

右中央の作品も同じく冬のハンギングバスケット。プリムラとビオラという耐寒性の強い花をメインに、同様に耐寒性のあるシロタエギクの葉を加えて軽やかな色合いにしました。

右下の作品は、秋のハンギングバスケットです。すべて、同じ環境条件で育つ夏から秋の花の組み合わせですので、日当りを好むジニアやマリーゴールドが、秋が深まる頃まで咲き続けました。

ハンギングバスケットのこだわりとアイデア

02
植物の形態に合った花苗の利用

　花苗には、草丈が伸びるもの、横に広がるもの、つる性で垂れ下がるもの、大きくならないものなどがあります。草丈は花苗のラベルに、たとえば「20～30cm」と記されており、また、草丈の伸びるものでも矮化処理(わいか)(大きくならないよう処理)がされているものもありますので、植物を購入する際はラベルを注意して見ます。そうすることで、小さな苗の姿から生長後の姿を予想し、それを想定した植物選び、配置ができるというわけです。

　【例1】は、矮化処理苗と大きく伸びない品種の寄せ植えですので、秋の深まりとともにひと回り大きくなりますが、形が丸く保たれ、それぞれの花が元気に育ちました。

例1

花材／ジニア、赤葉センニチコウ、アルテルナンテラ数種、ジャスミン、ヤブラン、コリウス、トウガラシ他
容器／壁掛けタイプのWB-30（エレガンス）　バック／梨の剪定枝

例2

花材／ハボタン、ビオラ、バコパ、アイビー、黒龍他　容器／壁掛けタイプのSLT-25

03
ハンギングのこだわりとアイデア

Point1
▼
草姿を活かした
フォルム

中心の花丈を高くして、フォルムは丸く、球状に基本どおり作っていますが、【例1】のよく似た2つの作品で異なるところは、右の作品は草丈がある赤葉センニチコウやジャスミンの草姿をそのまま活かし、よりナチュラル感を出しています。縦横斜め方向に広げるのも変化に富んで見栄えがします。

Point2
▼
色彩とカラー
コーディネート

デザインとカラーコーディネートで作品はがらりと変わります。私はどんなイメージ、カラーにしたいのか、シーズンカラーも考慮してコーディネートします。

【例1】は、デザインを左右対称のフォーマルスタイルではなく、中央・右上に黄色のジニアを集めるなど、あえてランダムに配置することでナチュラルな仕上がりにしています。ナチュラル感を出すためには、同じ花苗を3ポット植える場合は、正三角形でなく、不等辺三角形にデザインしたり、縦横に並べず、ずらして配置することも効果的。黄色のジニアと銅葉のアルテルナンテラで対比色にしたことで、インパクトがあるものとなりました。

Point3
▼
大小の花や
形の異なる
リーフの
組み合わせ

いくら大きくて美しい花だからといって、その大きな花ばかり植え込んでみても綺麗にまとまりません。主役となる花を決めたら、小花やリーフも必要。魅せる作品には、脇役が重要です。

【例1】は形が異なる緑のリーフ、銅葉のデザインとカラーコーディネートで作品はがらりと変わります。私はどんなイメージ、カラーにしたいのか、シーズンカラーも考慮してコーディネートします。

【例2】はミニハボタンにポイントを置き、ビオラ、バコパの小花や、つる性のヘデラとブラウン色の細長い黒龍のリーフを合わせました。

Chapter_04 ◆ コンテナガーデンコレクション

04

　さまざまな器に土を入れ、花を植える。コンテナガーデンはマンションのベランダでも十分楽しむことができる、手軽に始められるガーデニングともいえます。もちろん庭の一部としても活躍してくれる存在です。自分のアイデア次第で組み合わせは無限に広がります。

コンテナガーデンって？

コンテナガーデンは、手軽に楽しめる鉢を使った寄せ植えです。玄関先やガーデンの他、室内でも飾れることから、コンテナの置き場所に合った植物や容器を選定して、寄せ植えを作るとよいでしょう。

より気軽に始められ、庭が無くても楽しめることから、ガーデニングの第一歩としておすすめしたい方法です。コンテナの中に自分だけの小さな世界を築き上げていく楽しさを、ぜひ味わってみてください。

2011マーガレットステーション出品作（優秀賞）。白い額縁コンテナを組み合わせた作品。

Chapter_04

2012秋のみずの森ハンギングバスケット&コンテナ展出品作。番線で作った輪の空間装飾。

2013マーガレットステーション出品作(優秀賞)。上の写真と同容器にオルラヤなどを植え込んだ作品。

コンテナガーデンの作例

1〜3. チキンネットと芝で作った複数の容器を組み合わせ。
4. 秋の花と銅葉の寄せ植え。
5. 木の枝を組んだ寄せ植え。
6. ハボタンの寄せ植え。

サクランボが枯れ、その枝で作った容器。チキンネットと芝生で作った容器、木製のグランドピアノ。

どれも手作りだけに、斬新な寄せ植えになりました。

手作りの白いピアノにカーネーションやナデシコなどを寄せ植え。

コンテナ（寄せ植え）のこだわりとアイデア

　コンテナガーデンの容器は、色、形、素材などが多様で、また、手作りや複数の容器の組み合わせが比較的容器にできることから、奥深いものです。
　私のコンテナガーデンは、身近なもので容器を作り、寄せ植えの組み合わせや色調などに拘った、オンリーワンの作品づくりに心がけています。

01
気象条件などに合った花苗の選定

　土壌、気象条件や植物の形態で気を付けることはハンギングバスケットで紹介したポイント（62〜64ページ）と変わりませんが、大きく異なるところは、容器がバラエティーに富んでいて多様な装飾が可能であることです。小さな植木鉢や雑貨店などで手に入るブリキなどの可愛い容器から、大振りの素焼きのもの、陶器、モダンな形や柄のインテリアのような容器まで、さまざまな選択肢があり、それを選ぶことも楽しみの1つです。
　また、インドアガーデンも楽しめることから、置き場所に合った植物の選定がより肝心となります。

02
屋内装飾

　シクラメン、セントポーリア、ランは、直射日光が当たると葉焼けをしてしまうので、室内（レースのカーテン越し）に置きますが、観葉植物には、屋外でも育てられるものから、日陰で育つものまであります。
　特に観葉植物は、大きさ、葉の色・形がバラエティーに富んでおり、室内にグリーンを取り入れる装飾に適しています。
　観葉植物には、ポット仕立てのものもあり、たとえば、背が高くなるドラセナやパキラに、アナナスやポトスなどと組み合わせ、寄せ植えにしても楽しいものです。

03
屋外での装飾

　玄関先などのコンテナは、日当たりやその場の雰囲気に合わせて容器や植物の選定をします。建物、玄関先スペースに合わせて、和の寄せ植えであれば盆栽や生け花のように、洋風であればフラワーアレンジメントのように寄せ植えにするとまとまりがあり綺麗です。
　ガーデンに置く場合は、背景に合わせ、ガーデンと寄せ植えに一体感が生まれるようにしています。彩るポイントをおさえれば、寄せ植えを1つ2つ置くだけでも効果的な装飾となります。

　右上の作品は、陶器鉢に植えた秋の和洋の寄せ植えです。ジニアとケイトウ・セロシアとチョコレートコスモスの3つの花をメインにして、リーフはグリーンだけでなく、ヒューケラやアメリカテマリシモツケのようなブロンズカラーのリーフも加えることで変化をつけています。

　右下の作品は、ブリキ缶に植えたお正月用の和洋の寄せ植えです。黄色のジュリアンを中心に、サイドに可憐な姿のビオラを、背景には高さのあるハボタンを配置し、早春の楽しい寄せ植えにしました。小さな鉢植えですが、このような寄せ植えを飾るだけで、玄関先を美しく彩ることができます。

コンテナ(寄せ植え)のこだわりとアイデア

04
寄せ植えのこだわりとアイデア

1. 花材／ミニバラ、ラベンダー、アスチルベ、フランネルフラワー、ヘデラ、オステオスペルマム、ラムズイヤー、クワガタソウ他　容器／手作り額縁プランター2基、手作りの芝とチキンネットのバック3基
2. 花材／ジニア、ヤブラン、ヘミグラフィス、ルドベキア、コウシュンカズラ、黄金カズラ他
容器／サクランボの幹と枝で作ったカゴ容器2基

Point1
色彩と花の組み合わせ

　色彩や花の組み合わせについては、ガーデンやハンギングバスケットのところでも触れていますが、【例1】は、全体をパステル調に統一した春らしい作品にしたもので、【例2】は、銅葉を植えたことで、オータムカラーを引き立たせています。季節のイメージを形にするような作業は楽しく、心が躍ります。

Point2
身近なもので容器づくり

　容器は、市販の鉢やコンテナ容器の他にもあります。つるでカゴを作ったり、枝を使ってナチュラルな容器も作れます。板や網などいろいろなものを工夫すれば、面白い作品ができます。
　【例1】は、木板で額縁コンテナを手作りしました。その額縁を立てているイーゼルは、雑木や杭で作っており、芝とチキンネットで作ったバスケットに寄せ植えしたものを取り付けています。草原の美術館というイメージでコーディネートしました。
　【例2】は、素材そのものが寄せ植えとマッチするように、サクランボの木と枝をカゴのように編んだものです。庭で育った木の枝や植物のつるを絡めたりして、寄せ植えの容器やカバーとして使用すると、エコな上に味わい深い作品となります。

Point3
寄せ植えの組み合わせ

　複数の鉢を飾る場合は、コーディネートが重要です。大小の鉢で1つの作品を作るイメージで並べることで、複数の寄せ植えに一体感を持たせることができます。
　【例1】も【例2】も、隣り合う寄せ植えと同じ花を使っているので、一体感があります。隣り合う容器に同じ花があることで、つながりと流れができています。寄せ植えを複数飾る場合は、こうした考えでコーディネートをするとまとまりが良くなります。

こちらもコンテナを自作した例です。チキンネットと芝でバッグにしました。これだけ多くバッグの寄せ植えを置いても、一体感とともにナチュラルなイメージも強調され、素朴な花の風合いとマッチしています。

花のまち飾り

　お正月、日牟禮八幡宮（滋賀県近江八幡市）は大勢の初詣参拝者で賑わいます。
　滋賀県を、この地域を花のあるまちにするため、ここに花の作品を展示することは効果的と考え、毎年、年始から2月まで楼門裏側に奉納させていただいています。
　2014年、2015年の花装飾は、松竹梅、千両、万両、さらには、一両、十両、百両、南天といった縁起木や葉ボタンなど、おめでたい花を200株ほど寄せ植えし、縁起の良い「花言葉」も添えました。
　また、近江八幡市の旧市街地は、歴史と情緒ある町並みの観光地です。その街の一角に、年間を通してハンギングバスケットやコンテナを展示して、花のあるまちづくりを進めています。より多くの方に、花の美しさをお届けできることを信じて。

Chapter_04

1. 2014年作品。
2. 作品の見物風景。
3. 2015年作品。
4. 2017年作品。
5〜6. 2016年作品。
7. 日牟禮八幡宮の初詣。

花のあるまちづくりを目指して

Chapter_05 ◆

　どうして花にこんなに惹かれるのか、こんなに思い入れるのか、それは私の幼少の記憶に端を発しているように思います。これまでの道のり、オープンガーデンに至った経緯などを振り返りつつ、花のあるまちづくりを目指す、これまでとこれからについてまとめました。

花のあるまちづくりを目指して

【幼少の頃】
花への思い、記憶に残る風景

　私は、1957年、田園風景が広がるのどかな地、滋賀県近江八幡市に生まれました。民家が建ち並ぶ集落内には川が流れ、ほ場整備ができるまでは、田んぼへ舟に乗って行くといった水郷の地でもありました。

　春になれば菜の花が咲き、麦やレンゲの花で田んぼは色づき、川辺は、黄しょうぶや葭（あし）で季節の訪れを感じさせてくれました。これが私の原風景です。釣りや虫とり、田んぼでの野球などをしていたのだから、自然の中で遊んだ記憶ばかりです。

【中学・高校時代】
ほ場整備、干拓地が造成

　中学時代、のどかな田園地帯も食糧増産と農業の近代化のため、家の裏の川は埋め立てられ、水郷地帯がほ場整備によって四角い田んぼと農道に変わり、また、琵琶湖の入江であった津田内湖も農業生産のための干拓地に変化しました。

　サッカー部に入部し、自分のフィールドは、サッカーのグランドに移っていましたが、ほ場整備が始まってからは、それまでのフィールドだった水郷など、その景色は、失われてしまいました。

　ほ場整備と干拓地の完成とともに、我が家は専業農家になりました。しかし、直後、米の減反政策が始まり、干拓地での米づくりができなくなり、園芸作物の栽培に転換することになりました。

　増反により米づくりを夢見た農家は失望し、また、新たな園芸作に期待しました。私は、野菜や花づくりができることをむしろ歓迎していました。

　高校は、当然のように農業高校の園芸科に進みました。小学校、中学校の頃、勉強が面白いとは思わなかったものの、「夢」というのはすごいもので、農業の勉強が面白いと思えるようになりました。

　一方、干拓地では、キャベツやスイカなどの露地栽培、イチゴやナス、トウガラシといったビニルハウスによ

当時の風景が今も残る市内円山町。

る施設園芸をするようになりました。

　自分も自ら、ストックの切り花栽培を手がけました。しかし、干拓地は、稲作用に造成され、排水ポンプも大雨が降れば能力が不足し、毎年、露地の野菜などは、水を被り、手間暇かけた野菜などが収穫を前にして全滅し、経営は苦しいものでした。

　自分は温室でバラが栽培したいと思っていたことから、よく花き園芸担当の先生に相談していました。

　先生は、「君は無理をしすぎる。ちょっと待て」と助言されていました。

【大学時代】
農業を夢見て

　農業自営を急がず、とりあえず滋賀県立短期大学（農業部農業学科）に進みました。夢はこれまでと変わらず、関わるプロジェクトはストックの他にアリアム、スターチスなど切り花栽培の面積も拡大していきました。

　短大の2年間はあっという間に過ぎ、この間も干拓地は毎年水害などに悩まされていました。

　短大では、植物病理研究を専攻していましたが、教授からも、高校の先生と同じようなことを言われていました。

　国家公務員や農業改良普及員資格などを取得していたこともあり、考えに考えた末、就職先として国家公務員を選択しました。

【就職】
公務員となる

　結局、農林水産省に入省しました。近畿管内2府4県を管轄する近畿農政局の出先で、滋賀の湖北にあった農業水利事業所の用地課に配属となりました。

　この事業所は、琵琶湖の北に位置する余呉湖をダム化し、また、河川を水源として幹線水路を整備し、5千ヘクタールの水田に用水を供給するためのものです。

　既に幹線水路の工事はほぼ終わり、閉鎖まであと数年でしたが、最初に行うべき余呉湖という自然湖をダム化利用する交渉において、地元合意が得られていませんでした。

　この地は、幼い頃の原風景と同じように、風光明媚なところでした。漁業組合に補償金を出せばいい、地域住民の生活環境を補償工事により悪化させなければいいというものではなく、毎日のように地元に出向き、関係者と接しました。昭和56年は、滋賀の北部では"56豪雪"ともいわれる大雪となり、雪を降ろした路地は家の軒を超えていました。

この頃の趣味と言えば、外向きには、海釣りとスキー。でも一番の趣味といえば園芸でした。

　中学生の頃に挿し木を覚え、1鉢のゼラニュームを庭いっぱいに咲かせるまで増やしました。その頃は薪でお風呂を沸かしていたことから、その建築廃材や山の間伐材などをいろいろな長さに切って、塀の前に立て掛け並べ、その上にゼラニュームの鉢を置いて装飾していました。

　家を訪れたお客は、皆「何と綺麗ですね。誰がしてはるの？」と言い、若いのに「おじん臭い」ことを言われるのが嫌だったことも懐かしい記憶です。

【転勤】
転勤地でも花で癒し

　事業所での4年間の勤務を終え、近畿農政局本局（京都）の生産流通部に異動となりました。希望していた「花の振興」行政を担当する係への異動は叶わなかったものの、市場行政で京都・大阪・神戸市中央卸売市場などの建て替えなど、大型プロジェクトなどを担当できました。花き卸売市場への出張は、楽しみの1つでもありました。

　そして1986年、本省（東京）転勤

となり、横浜での寮生活となりました。最寄りの駅は、「大船」で、ホームが鎌倉市と横浜市にまたがり、鎌倉の寺院まで自転車で15分とかからない自分にとって環境の良いところでした。

　休日は、鎌倉の寺院に観光客が押し寄せる頃までに出かけ、花の写真を撮るなどリフレッシュをしていました。明月院の紫陽花、切り通しの岩場のイワタバコなど、鎌倉に浸かっていた思い出です。

　仕事上、会議や研修会では、1、2時間の情勢など説明をすることが多かったことから、その前週の休みの日には、寮の近くにある「大船植物園」に説明資料を持って行き、ベンチに座って声を出して練習したことが何度もありました。東京都内の寮であったなら、ストレスを溜め込んでいたかもしれません。

　今、我が家の玄関口（冬場はリビング）にあるベンジャミンの鉢植え

は、この寮で飾っていたもので、妻より長いお付き合いとなっています。

また、この頃、登山にも夢中で、東京からなら日本アルプスや東北の山が近かったこともあり、夏と秋には高山植物や紅葉を求めて登っていました。登山家ジョージ・マロリーが言った「そこに、山があるから登る」という挑戦精神のようなものはなく、高山植物に出会う散策のようなものでした。

【ブーム】
時はガーデニングブーム

1989年、京都に戻り、食品産業、食品流通、野菜行政を担当しました。仕事では食品業界向け情報誌を発行したり、野菜応援団を設立したりと、我ながら躍動的でした。

仕事をする上で、「経験」「人」「地」、そして、息抜きの「趣味」があれば、これほど強い味方はありません。この頃は、自分にとってそんな時期であったように思います。

時はガーデニングブームとなり、隠れ園芸大好き人間が堂々と「趣味はガーデニングです」と言っていた時期でもありました。

【実践】
新築・結婚・家庭の花育

1994年、自宅を建て替え、新築が完成しました。庭は、前栽の大きな松の木を残し、大きな石を3つ据え、杉の苗木などを植えた和の庭（前栽）をもう1つ作りました。重機での石の移動とブロック塀施工以外は自分で設計・施工・植栽をしました。素人左官、素人造園でしたが、今では、杉の小苗は、立派な台杉となり、サツキやドウダンツツジなどの落ち着いた和庭になりました。

そして同年、結婚。その後、娘二人を授かりました。娘達の名前には「花」に関連した名を付けました。

1998年、東海農政局で大豆やお茶などの生産振興。2001年、近畿農政局に戻り環境保全型農業を担当。相変わらず仕事は忙しく毎晩遅くなっていたものの、今思えば、妻といっしょに子供達と、食育や花育で親もいっしょになって楽しんでい

た時期でもありました。

楽しいガーデン

　2000年。「草津市みずの森植物公園」で「ハンギングバスケット＆コンテナ展」が開催されていることを知り、出品しました。まだこの頃は、ハンギングバスケットがどういうものかをあまり知らなく、コンテナ作品を出品したところ銅賞に輝きました。それ以降、このコンテストが自分の技術向上と園芸に興味を持つ方々との交流の場になっています。

　ハンギングバスケットの展示は、フェンスに目線の高さで展示されていました。その作品を見て、自分も作ってみたくなりました。

　その後、植え方も分からないというのに「ハンギングバスケットマスター」の資格試験があることを知り、2001年の資格試験に臨みました。植え方が分からないまま、植え方を指導するこの試験を受けるのは無茶かと思いましたが、学生時代と農業実践で得た植物の生理や土壌・用土のことなら自分にとっては常識の範疇。そんな訳で学科は、問題無く

クリアしました。

次は実技。当時、自分には、ハンギングバスケット技術を教えてもらえる先生や仲間もありませんでした。ハンギングバスケットを植える注意点は、学科試験前の講座でもあったことから、このコツさえ分かれば後はデザイン性や季節、相性の良い植物を選択して植え込めば何とかなるだろうと、ハンギングバスケット初挑戦作品を出品したことを思い出します。

こうしてマスター資格を得て、2002年のみずの森コンテストからハンギングバスケットの出品を継続しています。

ホームページ開設

2002年、異動となり、希望していた農水省所管の中小企業団体に関する設立などの認可や食と農の連携に関する食品産業行政を担当することになりました。前ポストをたった1年で異動となりましたが、希望が叶った人事には理由がありました。この時期、自給率向上と米の消費拡大を目的に「米粉食品普及協議会」を立ち上げようとしていたのです。課長からは「立ち上げて軌道に乗るまでの1～2年間を当部で行う。頼む」と。

確かに自分にとって打ってつけの仕事かもしれない。パンをはじめとする小麦製品を食品業界と連携して、米粉に置き換える、時代は地産地消、地元の米を学校給食などでパンやめんにして提供することができる。当時の部長も、これは、まさしく「プロジェクトX」だと。この「プロジェクト」は会の役員さんや志を同じくする方々が一体となり、予定通り1年半ほどで体制が整うまでになり、私は役目を終えて担当部局に引き継ぎました。

このようなプロジェクトの他に当然、本来の業務があり、プロジェクトばかりしている訳にはいきませんでした。

認可組合の整理において、いくつかの組合の認可を取り消しました。許認可は、行政庁に大きな権限があるものの、その分の責任の重さでも

あります。こうした不利益処分に関する許可の取り消し等を毎日バタバタしている中で行っていることが精神的にもきつく、ほぼ毎晩23時過ぎに職場を出て、25時前に帰宅する日々が4年間続きました。相談できる先輩からは「ハードルを下げろ。抱えすぎるな。」とも言われました。手を抜けない性格はより自分を苦しめ、「もう仕事を辞めよう。」と悩んでいた時期でもありました。よくいえばリスク管理の徹底、悪くいえば心配性の性格は、夢にまで仕事のことを登場させ、平日は「仕事人間」と化していました。

しかし、このどうしようもない状態、仕事を辞めようと思うまでのストレスは、自分のホームページの開設といった息抜きで、ちょっと楽な気持ちになりました。

土日は仕事人間からスイッチを切り替えガーデニング、子供達との触れ合い、食育・花育のようなことをしていましたから、その内容をホームページに掲載しただけですが、このホームページをご覧いただいた全国各地のガーデニングファン、遠くは、カナダからも本ホームページに嬉しい書き込みをいただきました。たかがホームページの開設とはいうものの、このようなことが私の公務員人生をつなぐ励みにもなりました。

JHBS滋賀支部設立

2004年、日本ハンギングバスケット協会滋賀支部を設立しました。設立後は、会員がハンギングバスケットの技術講習、展示などを通じた普及啓発など、花のまちづくり活動を展開しています。

花のまちづくり講演

2006年、仕事は消費・安全部に異動。食の安全と消費者の信頼を確保する業務です。この頃はBSEの発生、中国産餃子事件、食品表

JHBS滋賀支部の仲間。

示偽装といった消費者の信頼を揺るがすことがたびたび起きていました。リスク管理と危機管理、そして行政指導に立入検査。食の安全に関わることであることから、リスク管理と消費者の信頼を損ねないよう、また、危機に対応できるよう、いつもピリピリしていたものでした。

この頃からハンギングバスケットの講習会や花のまちづくりなどに関する講演会の講師の依頼が来るようになりました。私が公務員ということから、ハンギングバスケットの技術講習は、あまり行いませんでしたが、講演は自分の役割だと考え、地域や小学校PTAなどの各種団体のセミナー、講演会等の講師をしてきました。1人でも多くの方に花のまちづくりや花育に関心を持っていただけるよう、願ってのことです。

「緑化隊」

2008年、2度目の東海農政局勤務。生産経営流通部という7課100人を超える大所帯の部の総括補佐となりました。業務は、総括ということでしたから、毎日多様で多数の情報や作業依頼が来る中、昼休みも弁当を食べながら処理しないと回っていきませんでした。

これまでの講演・講習の様子。

弁当は妻が朝早くに作ってくれるのですが、ある日、妻に「今日のお弁当のおにぎりの中で何が一番美味しかった？」と聞かれました。私はパソコンに集中し、その日の弁当の中身がおにぎりであったことすら記憶になく、返事に困り、その後、こうしたことが何回かあって、しばらく弁当を作ってもらえませんでした。

部長からは「あなたはすべての業務に関係するんだから、時間に余裕があれば、局のどんなシンポジウムにでも参加してよい。」と言われていたものの、そんな時間はありませんでした。

職場においてCO_2削減の取り組みが始まり、職員から取り組みアイディアを募られました。エレベータ

の稼働時間、台数を制限する、室内照明の徹底管理などの他に、「壁面緑化」が提案されていました。

実行にあたり、総務部次長から「CO_2削減のための行動として、局の職員が勤務時間外にボランティアで壁面緑化を始め、花壇を整備・管理できないかと考えている。その代表、とりまとめ役をお願いしたい」と要請を受けました。早速その志がある者が集まり「緑化隊」を結成、私はその代表になりました。

職員の出勤時に募金箱を設置し、資金を集め、局長・次長ら、その思いで集まった隊員は、荒地をツルハシなどで耕し、堆肥を入れ、ゴーヤなどを植えていきました。

その数ヶ月後、玄関横の荒れ地には季節の花が咲き、緑化植物は2階の局長室を越え、3階の自分の執務室までゴーヤの影を落としていました。こうした取り組みは、自分にとって息抜きになっていました。

第1回
オープンガーデン開催

自分のガーデニングをさらに花のまちづくり行動に発展させるため、「オープンガーデン」をすることにしました。よくあるオープンガーデンは、バラが咲く5月下旬頃ですが、私のガーデンはハンギングバスケットとコンテナガーデンを主にしたものです。

庭は、ブロック塀で囲まれた前栽ですが、木製のトレリスを設置し、ハンギングを掛けて、どの家でもできそうな装飾アイデアを提案しました。最初のオープンガーデンは、ハンギングバスケット協会滋賀支部のメンバーやご近所などの知り合いに案内し、2日間で100名の来園がありました。

オープンガーデンの開催は、個人にできる「花のまちづくり」そのものです。これは小さな点のような取り組みが、線になり、面になるために、投じた一石でもありました。

このオープンガーデンは、自分の幼少期からの花への思いを1つのキャンパスに描いたようなもので、

この取り組みを通じて「花のまちづくり」活動のギアを1段階上げたこととなりました。

ある来園者からは、「休日に園芸を楽しんでいると聞いていたけど、プロみたいですね」と、嬉しい言葉。

けれどもプロと言われても嬉しがっている訳にはいきません。自分は、本来の仕事で給料をもらっている限り、その仕事で誰にも負けないプロの仕事をすべきだと考えているからです。

ただ、見ていただく作品を作るには、高い意識がないと、今以上の上達は無いと思っています。

オープンガーデンを継続開催

読売新聞のオープンガーデン特集に大きく掲載され、ハンギングバスケット協会支部仲間などからも背中を押され、翌年のゴールデンウィークもオープンできました。

地元TV局や新聞社に多数取り上げてもらい、リピーターの口コミで来園者が開催するごとに倍、倍と増えていきました。人が人を呼び、7回目には約3,000名になりました。これだけ続けられるとは思ってもいませんでした。

花のまちづくりコンクール

2011年。以前配属だった局の消費安全部に戻りました。100人を超える3度目の部の総括補佐です。普通このポストは、次に本省へ異動する者が座っていますが、私の場合「本省には行きたくありません、単身赴任も勘弁してください。」と言った手前、もうこのポストは嫌とは言えず、自宅から通える京都で働けるならどこであろうと仕方無いと諦めていました。若い時の本省勤め以外、国家公務員の宿命といえる転居を伴

う異動はなく、配慮していただいていたので「何でこんなに忙しいポストばかり……」という愚痴を言える状況ではありませんでした。

　残業で遅くなり、執務室に施錠をし、守衛さんにキーを渡して帰るのが日課のようなものでしたが、考え方によってありがたかったかもしれません。もし毎日5時過ぎの仕事終了のチャイムとともに帰宅していたら、他の職員からも「気楽でいいね、ガーデニングができるんだから。」と皮肉を言われそうで、気にしすぎる性格ゆえ、多様なポストであってかえってよかったと思っています。職場仲間から「オープンガーデンやコンテスト作品はいつ作っているの。」と言われたくらいでした。

　この時の部長は、消費安全部の使命であるリスク管理と危機管理に優れ、当然のことながら職員はより緊張感をもって業務に当たっていました。食の安全と消費者の信頼確保につながる業務は100点が当たり前の中、私は、当然自分の担当業務の他、部の回しなどが悪いと注意される役でもありました。そういう役ではありますが、仕方無いポストでした。

　一方、自分の花のまちづくり活動をさらにバージョンアップするため、「花のまちづくりコンクール」に応募したいと長年思い続けてきました。

　ただ、このコンクールの主催者とは利害関係などはありませんでしたが、国土交通省と農林水産省が提唱し、大賞が大臣賞となっていることから、農林水産省の職員が応募していいものか悩みました。

　人事課に、公務員倫理規定上、コンクールに出して問題があるか、何か抵触することがあるか、と確認したところ、「コンクールには出せないことはない。ただし、国民から誤解されるようなら差し控えた方がよい。」と回答されました。人事当局として当然の内容でした。国民の誤解って……、世間の公務員バッシングからして出る杭は打たれるから、そう思う人はいるだろうと思っていました。職務専念をしても国民の誤解は当然のことで100％拭えません。

　以前、NHKの2つの放送局から取材の依頼をいただきながら、それぞれお断りした経緯があります。

　その理由は、平日の取材で、当日、仕事の方は会議なども入っておらず、休もうなら休めたのですが、「平日取材」「公務員」であると馬鹿が付くくらい固く考えていたからです。NHK放送局なら、地域の花のまちづくりに一番効果的な取り組みになっていたのではと、後悔しています。

コンテストの応募では自分のスッキリしない気持ちを部長に話し、勇気をもらいました。いつも厳しい部長は、部課長メンバーの懇親会では、酒の席ゆえ気楽な会話をしていましたが、「マラソンでオリンピックを目指す公務員ランナー、いいじゃないか。君は仕事に前向きで、手抜きなんかせず、一生懸命じゃないか。君の仕事に対する志をもってすれば、職務専念義務は全うしているではないか、公務員倫理上問題があるとは思えないし、花のまちづくりに対する志で、公務員ガーデナー、いいじゃないか。」と、花のまちづくり仕掛け人にもなるコンテストの応募を応援してくれました。

そして「花のまちづくりコンクール」に、悩みに悩んだ末、応募しました。

コンクールの2012年の総応募数は、1,382件(うち個人は253人)で、16団体が花のまちづくり大賞候補として2次審査に進み、その中に入りました。

2次審査は、現地調査。当然のことながら自治体や団体の中にはすごい取り組みがあり、比較にならず、大賞「農林水産大臣、国土交通大臣賞」は逃しました。しかし、優秀賞「全国花のまちづくり推進協議会長賞」を受賞し、個人では1位というう高い評価をいただきました。

大賞をとって、滋賀県や地域の花のまちづくりが発展するための起爆剤にしたいというねらいはお預けとなりましたが、この応募を機会に、花のまちづくり活動に拍車がかかりました。そして2016年のコンクールに再挑戦しました。

【退職】
感謝の念

2016年3月、38年間勤めた農林水産省を早期退職しました。入省以来、「花の生産振興を担当したい。給料は半分でいいから。」と冗談を言ってきましたが、結局、花に関わる仕事はできませんでした。

けれども仕事と直接関わりが無かったからこそ、また、公務員にならず園芸店に勤めていたり、時間に余裕があったら、このような今のようなことはできていなかったかもしれません。

ボランティアによる行動は、どれだけそのことが好きになれるか、好きだから労力がかけられ、モノやお金に代えられない心の豊かさを得ることができています。でも、それは1人でできているわけではありません。

ゴールデンウィークに開催するオー

【現在】
第2章をスタート

　2016年4月、公務員生活から解放され、38年間、できなかった夢を現実にするためスタートをしました。1番欲しかった時間と自由ができましたが、体力の衰えを感じ、何より収入が無くなりました。

　オープンガーデン開催などの費用として、退職前は、給料の1ヶ月分以上を費やしていました。「料亭に飲みに行ったつもり、パチンコや競馬で負けたつもり」として使っていましたが、もうその「つもりつもり」といったことができなくなりました。

　2016年秋には、ハンギングバスケットや寄せ植え、ガーデニング講習等を承る「私のガーデニング」を起業(主宰)したところです。

　これからも、一人でも多くの方が花に触れ、関心を深めていただくことを願って、オープンガーデンや各地におけるハンギングバスケット等の展示、講習、講演会等での講師など、「花のまちづくり」行動を進めていきたいと考えています。

　最後に、本書が地域の花のまちづくりの提案やきっかけになれば幸いです。
(感謝)

プンガーデン1つとってみても、始めた頃は、春先から本格的に作業を始動いましたが、それが、冬から、秋から、近年では夏から準備を始めて、休日となれば、朝から陽が暮れるまで外で作業をしています。

　家族には、庭の管理、作業を常に手伝ってもらう訳ではないものの、家事や諸用を任せっぱなしにしたり、旅行にも連れて行ってやれず、家族の理解と協力、応援があってこそと、感謝の念に堪えません。そして、知人やグループの協力。また、オープンガーデンに来園いただいた方などのありがたいお言葉などが原動力になっています。

Chapter_05

2002年に開設しましたホームページ「私のガーデニング」を、2015年11月からブログ「私のガーデニング2」として、更新をしています。よろしければこちらの方もご覧いただければ幸いです。(ホームページアドレスは94ページ下に記載してあります)

「退職」と「桜」

桜の咲く時期、出会いと別れの季節でもあります。
私、今日、永年勤めた公務の職場を早期で退職しました。公務員として、仕事人間になって全力で頑張りました。仕事を通じて多くの方々と出会い、支えられ、励まされてきました。「感謝」。

明日からは、フリーとなります。このエネルギーを「花のまちづくり」に向けて…。

京都、貴重な文化財の京都府庁本館において、「観桜祭」、6種類が開花されています。中程には、6種類中の桜の椛で、中央の祇園しだれ桜や、円山出猿の初代しだれ桜の孫だそうです。私にとってこの桜は、この時間、昼休みの癒やしのスポットでした。

●京都府庁旧本館2階からの桜(2016.3.31)

●京都府庁旧本館中庭からの桜(2016.3.31)

「八幡学区まちづくり協議会」ガーデニング教室

7月2日、八幡コミュニティセンターにおいて、「八幡学区まちづくり協議会」(人権部会男女共同参画部会グループ)主催による「ガーデニング教室」が開催され、講師を依頼されました。

先月初旬に開催案内が行われ、すぐに定員の40名となったようで、市内の方々のガーデニングや花のまちづくりへの関心の高さに喜んでいます。そして、参加者のほとんどの方が後日我が家の「オープンガーデン」にご来園いただいた…。気分良くお話を伺いました。

第1部では、「花の魅力でまちづくり」と題した講演、第2部では、ペットボトルを利用した「寄せ植え講習」として、ベゴニアとヘデラの寄せ植えをしていただきました。

なお、この模様は、ZTVの「おうみ!かわら版」において、(6日まで)放映されています。

参加いただいた方が、家庭や地域に、更に花飾りや花のまちづくりをしていただくことを願っています。
◎主催者のHPにリンク → ガーデニング教室

●八幡学区まちづくり協議会における講演・講習の様子(2016.7.2)

「あわじガーデンルネサンス」への出展

兵庫県淡路島の夢舞台で開催されている「第6回ハンギングバスケット・コンテナガーデンコンテスト」に出展しました。
10月9日、その表彰式で淡路を飛ばして行きました。

今回のテーマは、「ジャパネスクー伝統とモダンを今に」というもので、「和のデザインパターン」・「形」・「色」、「素材・用意」、「等・材料・伝統モチーフ」などをモダンに取り入れテーマを表現します。すなわち、一般的なコンテストのようにストライクゾーンというほど狭くないというくらいでイメージがつかめません。

結果は、昨年に引き続き「ハンギング部門」で1位となりましたが、その上の部門を合わせた「大賞(知事賞)」が該当、「コンテナ部門」、1位と該当者という結果でした。三部門共通の「金賞」は授与をいただいた3年連続でモダンに欠けたとして、大賞が候補に入らなかったのに自分にはえらいショックで、聞いていたならべない授与式への出席となりました。

因みに、自分の作品の題名は、「FUBI」。
コンセプトは、「和の華で夢を綴れる、日本庭園のような、モノクロームで「和の空気を感じていただく庭園のような雰囲気が出せないかと思い、形態、質感が異なる草花や夢を特色々な色を組み合わせました。

特に目立たぬ存在の中にも、2基のバスケットと統一感を出し、背や心を含む3人の人のリーフを主とし加えて、参加者の会場大島中型を除き、草花と陽を植え、6年の「苔と鉢部」のコラボでモダン2号を表現して「FUBI」としました。

◎淡路夢舞台植物園HP → リンク
◎淡路の花の植物園HP(入賞作品選定) → リンク

●あわじガーデンルネサンス・コンテスト作品(2016.10.25)

「レンタルで寄せ植えを」

「お家の壁先をオシャレな寄せ植えで飾りたい」。「お店のお客さんが立ち止まって、入りやすい雰囲気のいいお店にするため、寄せ植えを飾りたい」と思われている方は、少なくないと思います。

でも、魅せる寄せ植えを作ることは、そう簡単ではありません。また、花が咲き終わった後の扱いも面倒なものです。

お家やお店のスペース、雰囲気に合わせた、「レンタルの寄せ植え」はいかがでしょうか。オーダーメイド承ります。

★お家の庭や店舗をハンギングバスケットやおしゃれな寄せ植えで彩ってみませんか。

・ご自宅・店舗などの「花装飾、植え替え」
・ハンギングバスケットの寄せ植えのご注文
・団体向けの「ハンギングバスケット等の寄せ植え講習」等を承っています。
ご希望の方は、お気軽にご連絡ください。

お問い合わせ先　私のガーデニング　西川新吾
(住所)　滋賀県近江八幡市南津田町293
(メールアドレス) shingo@zc.ztv.ne.jp
(電話)　0748-33-3297

団体でハンギングバスケット等の出向講習を希望される場合は、依頼主にて会場確保をお願いします。出向先は、近県の地域です。ハンギングバスケットなどの受講(個人参加)は、別途、本ブログなどでご案内します。
寄せ植え等のご注文につきましては、ご来場又は、お届けできる近隣の地域に限らせていただきます。ご相談ください。

お家の庭や店頭をお花で綺麗に彩りませんか

○団体様向けの「ハンギングバスケット等の寄せ植え講習」
○ご家・店舗などの「花装飾、植え替え」
○ハンギングバスケットの寄せ植えのご注文
等を承っています。

お問い合わせ先　西川新吾
(住所)　滋賀県近江八幡市南津田町293
(メールアドレス) shingo@zc.ztv.ne.jp
(電話)　0748-33-3297

ブログ「私のガーデニング2」 http://shingogarden.blog.fc2.com/

Profile

西川新吾　Shingo Nishikawa

◎ハンギングバスケットマスター（日本ハンギングバスケット協会）
◎花育アドバイザー（全国花育活動推進協議会）

1957年	滋賀県近江八幡市生まれ
1977.3	滋賀県立短期大学農業部農業学科卒業
1977.4	農林水産省入省
2016.3	農林水産省退職
2016.9	「私のガーデニング」創業

●ガーデニング、花のまちづくりに関わる取組
○講演会・セミナー等における講演（テーマ）
　・ガーデニング（ハンギングバスケット）の魅力～花のある街づくりを目指して～
　・花のあるまちづくりを目指して　～オープンガーデン開催～
　・花育実践～花育と花のまちづくりを目指して～　　など
○オープンガーデンの開催
○観光地等における作品展示やハンギングバスケット展等における出品・展示

●主な受賞歴（ガーデニング、花のまちづくり関係）

2003	「第13回ハンギングバスケット＆コンテナ展」【最優秀賞】(草津市みずの森植物公園)
2012	「第31回ハンギングバスケット＆コンテナ展（マスター部門）」【最優秀賞】(同園)
2013	「第33回ハンギングバスケット＆コンテナ展（マスター部門）」【最優秀賞】(同園)
2015	「第36回ハンギングバスケット＆コンテナ展（マスター部門）」【最優秀賞】(同園)
	他、同園で優秀賞5回、金賞5回、銀賞3回受賞
2010	「花フェスタ2010 in 愛の田園コンテスト（マスター部門）」【最優秀賞】(あいとうマーガレットステーション)
2012	「花フェスタ2012 in 愛の田園コンテスト（マスター部門）」【最優秀賞】(同ステーション)
	他、同ステーションで優秀賞3回、特別賞受賞
2009	「全国ハンギングバスケット・ガーデンコンテスト」【優良賞】(名古屋市鶴舞公園全国マスター会)
2013	「ハンギングバスケット＆寄せ植え展」【日本ハンギングバスケット協会理事長賞】(宇治植物公園)
2015	「第5回ハンギングバスケット・コンテナガーデンコンテスト」【第1位】(あわじガーデンルネッサンス)
2016	「第6回ハンギングバスケット・コンテナガーデンコンテスト」【第1位】(あわじガーデンルネッサンス)
2012	「第22回全国花のまちづくりコンクール」【優秀賞】(全国花のまちづくり推進協議会)
2016	「第26回全国花のまちづくりコンクール」【優秀賞】(全国花のまちづくり推進協議会)

●ホームページ、ブログ

ブログ	私のガーデニング2	http://shingogarden.blog.fc2.com/
旧HP	私のガーデニング	http://www.zc.ztv.ne.jp/shingo/

おわりに

　この度は、数あるガーデニングの本から本書をお読みいただきありがとうございました。

　2017年（第9回）のオープンガーデンに合わせ、「しんごのオープンガーデンへようこそ　〜庭からはじまる花のまちづくりと魅せる作例・アドバイス〜」というガーデニング本を出版することができました。

　趣味であったガーデニングが、オープンガーデンを始めてからは、多数の方と出会い、花のまちづくりに参画させていただくようになりました。

　本書は、拙い内容ではありますが、私にとりましては、退職を機に、これまでの花への思いとその取り組みを整理したようなものとなっています。また、ガーデニングに関心のある方にとりましては、ガーデン装飾などのアイデアが参考になればと書き綴ったものです。

　花の魅力を活かしたガーデニングや花のまちづくりが発展しますこと、そして、子どもたちへの花育や花を通じて世代を超えたコミュニティの機会が益々増えることを期待し、今後とも私にできる「花のまちづくり」に関わっていきたいと思っています。

　最後になりましたが、本書の出版にあたり、各章の扉ページにオープンガーデンの花の画像をご提供いただきました深見宣子様をはじめ、編集、デザインなどに親切にご助言いただきましたスタッフの方々に心よりお礼申し上げます。

西川新吾

娘達の懐かしい画像「花咲く喜び、花咲く創造」

STAFF

著者	西川新吾
写真	西川新吾、深見宣子（P.6-7、16-17、48-49、66-67、78-79）
編集	十川雅子
装丁・デザイン	大澤美沙緒、梅木詩織（株式会社メタ・マニエラ）
校正	中野博子

庭からはじまる花のまちづくりと魅せる作例・アドバイス
しんごのオープンガーデンへようこそ NDC793

2017年5月11日 発 行

著 者	西川新吾
発行者	小川雄一
発行所	株式会社 誠文堂新光社
	〒113-0033
	東京都文京区本郷3丁目3-11
	【編集】03-5800-5779
	【販売】03-5800-5780
	http://www.seibundo-shinkosha.net/
印刷・製本	図書印刷 株式会社

©2017,Shingo Nishikawa.　　　　　　　　Printed in Japan

検印省略
禁・無断転載
落丁・乱丁本はお取り替え致します。

本書に掲載された記事の著作権は著者に帰属します。
これらを無断で使用し、展示・販売・レンタル・講習会等を行うことを禁じます。

本書のコピー、スキャン、デジタル化等の無断複製は、著作権法上での例外を除き、禁じられています。本書を代行業者等の第三者に依頼してスキャンやデジタル化することは、たとえ個人や家庭内での利用であっても著作権法上認められません。

JCOPY ＜(社)出版者著作権管理機構 委託出版物＞
本書を無断で複製複写（コピー）することは、著作権法上での例外を除き、禁じられています。本書をコピーされる場合は、そのつど事前に、（社）出版者著作権管理機構（電話 03-3513-6969／FAX 03-3513-6979／e-mal:info@jcopy.or.jp）の許諾を得てください。

ISBN978-4-416-91705-3